ROMPIENDO

la

CADENA

FE, ESPERANZA Y SANACIÓN
FRENTE A LA VIOLENCIA FAMILIAR

Dr. ANTONIO R. PAIZ

Sagga Publishing House LLC

Sagga Publishing House LLC, Mayo 2025

Copyright© 2025 por Dr. Antonio R. Paiz

ISBN de edición masiva de lujo de tapa blanda: 978-1-964642-28-4

Número de control de la Biblioteca del Congreso: 2025903783

Publicado en los Estados Unidos por Sagga Publishing House LLC, Texas.

Impreso en los Estados Unidos de América.

Agradecimientos

Antes que nada, quiero darle toda la gloria al Señor por la obra transformadora que ha hecho en mi vida y en la de mi familia. A través de la verdad contenida en la Santa Biblia, he llegado a comprender la profundidad de Su amor, Su gracia y Su sabiduría. Este camino se ha enriquecido al explorar las creencias, religiones y culturas de otros, lo cual me ha dado una perspectiva más amplia y una apreciación más profunda por la Palabra. Estas experiencias no solo han formado mi fe, sino también esta obra, que es un testimonio de Su verdad eterna.

Estoy profundamente agradecido por el liderazgo visionario y la guía de los directores de la Universidad Internacional Visión en Escondido, California. Su dedicación a preparar a otros para la obra del Señor ha sido una fuente de inspiración y aliento durante todo este proceso.

A mi amada esposa, Josephine: tu amor fiel y lleno de la gracia de Dios, junto con tu apoyo constante, han sido mi roca. Tu fe y tu aliento me han sostenido en este camino, y te estaré eternamente agradecido. A mi hermosa familia: gracias por su amor, paciencia y por creer en mí. Ustedes son mis mayores bendiciones.

Un agradecimiento de corazón a Sagga Publishing House LLC por hacer realidad esta obra. Su apoyo, profesionalismo y compromiso con la excelencia han sido invaluables. Este libro no habría sido posible sin su colaboración.

Por último, a quienes lean este libro: que les inspire a buscar la verdad, crecer en entendimiento y reflexionar sobre el profundo papel que la fe tiene en nuestras vidas. Este libro es mi ofrenda, nacida de la experiencia personal, el conocimiento y la doctrina de la Palabra de Dios. A Él sea toda la gloria.

Prefacio

La violencia familiar no es solo una tragedia personal; es una crisis social que afecta a miles de familias de todas las culturas, niveles económicos y creencias religiosas.

A pesar de décadas de campañas de concientización, estrategias de prevención y programas de intervención, el problema sigue creciendo, destrozando vidas y comunidades a su paso. ¿Por qué? Porque estamos dejando fuera algo crucial—algo poderoso, transformador y profundamente sanador.

En nuestros esfuerzos bien intencionados por crear espacios seguros, inclusivos y libres de juicios, muchas veces hemos excluido uno de los recursos más valiosos que existen: la guía espiritual. La Biblia, fuente de sabiduría para miles de millones de personas en todo el mundo, ofrece enseñanzas profundas sobre el amor, el respeto, el perdón y la unidad—valores fundamentales para construir familias sanas y sanar aquellas que están heridas.

Sin embargo, en muchos de los lugares donde las familias buscan refugio y orientación—como albergues, escuelas y agencias gubernamentales—la consejería espiritual se omite con frecuencia, a veces por temor a violar derechos individuales o parecer parciales.

Pero al dejar fuera el apoyo basado en la fe, dejamos un vacío en las vidas de quienes tienen creencias espirituales profundamente arraigadas, las cuales forman parte de su identidad y de su proceso de sanación. Al excluir este recurso, podríamos estar, sin querer, dificultando su camino hacia la recuperación.

Por medio de mis experiencias como voluntario y de mi trabajo con el Equipo de Crisis de Asistencia Familiar del Departamento de Policía de San Antonio, he visto de cerca los ciclos dolorosos de enojo, miedo y sufrimiento que perpetúan la violencia familiar. Pero también he sido testigo del poder transformador del amor, la fe y la comunidad para romper esos ciclos. He visto familias rotas encontrar restauración, a personas recuperar la esperanza y a comunidades unirse para apoyarse mutuamente gracias al poder de la fe.

Este libro busca cerrar la brecha al integrar enseñanzas bíblicas con soluciones prácticas y reales para prevenir y sanar la violencia familiar. No pretende imponer creencias religiosas ni excluir a quienes profesan otra fe o no tienen ninguna. Más bien, ofrece una fuente de esperanza, sabiduría y fortaleza para quienes la buscan.

El objetivo de este libro es sencillo pero profundo: inspirar una transformación. Busca brindar consuelo y sanación a familias que se sienten rotas y ofrecer herramientas para construir relaciones más sanas y llenas de amor. Propone un enfoque más integral frente a la violencia familiar—uno que combine la guía espiritual con el apoyo comunitario y la intervención legal.

Si usted está leyendo esto, es porque le importa—ya sea su familia, su comunidad o tal vez su propio proceso de sanación. Y quiero que sepa algo: hay esperanza, hay sanación y sí existe un camino hacia adelante. Este libro está aquí para acompañarle en ese recorrido.

Contents

I

Introducción

L a violencia doméstica no es solo un asunto personal; es una crisis social, económica y política con consecuencias profundas para la salud pública y el bienestar de las comunidades. Afecta la salud física y mental de más del 20% de las mujeres en algún momento de sus vidas, aso como la salud emocional y psicológica de sus hijos. Los niños que presencian la violencia doméstica suelen cargar cicatrices emocionales profundas que influyen en su comportamiento, sus relaciones y su manera de ver el mundo. Si este trauma no se atiende, puede perpetuar un ciclo de violencia que se repite generación tras generación.

A pesar del aumento en la conciencia pública y de los cambios en cómo abordamos la violencia doméstica, el problema sigue siendo abrumador. Las familias se destruyen, las relaciones se rompen y las comunidades se debilitan. Estamos viendo un aumento alarmante en la violencia familiar—hermano contra hermana, padre contra hijo, esposo contra esposa. El daño es profundo y afecta todos los aspectos de nuestra sociedad.

Cuando comencé a involucrarme en el movimiento contra la violencia doméstica en 1995, como voluntario con el Equipo de Crisis de Asistencia Familiar del Departamento de Policía de San Antonio, vi de cerca su impacto devastador. Vi mujeres atrapadas en el miedo, niños marcados por el trauma y hombres consumidos por ciclos de rabia y vergüenza. También vi las limitaciones de nuestros sistemas actuales. En muchos casos, las víctimas necesitaban más que un espacio seguro—necesitaban sanación, orientación y esperanza. No bastaba con sobrevivir; necesitaban un camino para reconstruir sus vidas.

A través de estas experiencias, comprendí que nuestra manera de enfrentar la violencia doméstica está incompleta. Aunque las intervenciones de salud pública, las protecciones legales y los sistemas de apoyo comunitario son fundamentales, no son suficientes. Muchas víctimas, especialmente aquellas que vienen de comunidades de fe, buscan una sanación y restauración más profunda—un camino que abarca la recuperación emocional, pero también una renovación espiritual.

Este libro propone un enfoque integral que une las enseñanzas bíblicas con estrategias prácticas para prevenir y sanar la violencia doméstica. Explora cómo las enseñanzas de la Biblia sobre el amor, el respeto, el perdón y la reconciliación pueden ofrecer guía y consuelo a quienes han sido afectados por la violencia doméstica.

Este enfoque no busca imponer creencias religiosas, sino ofrecer recursos espirituales a quienes los necesitan. Se trata de crear un espacio de sanación que respete la fe individual y el contexto cultural de cada persona.

¿Por qué incluir la fe?

Porque la fe es poderosa. Ofrece esperanza, fortaleza y valentía. Proporciona una base moral que puede inspirar el cambio, la sanación y la reconciliación. Puede romper las cadenas de la vergüenza, la culpa y el miedo que a menudo atan tanto a las víctimas como a los agresores. Pero lo más importante: ofrece un camino hacia el perdón y la paz.

Este libro no dice que la fe por sí sola sea la solución, ni minimiza la importancia de la protección legal, el apoyo psicológico o la intervención comunitaria. Más bien, argumenta que la guía espiritual puede complementar esas soluciones, brindando un enfoque más completo y compasivo para sanar.

A quienes han sido afectados por la violencia doméstica:

Sepa que su dolor es real, su camino es válido y su sanación es posible.

apuntes

2

El laberinto emocional del abuso

"El corazón humano nunca fue diseñado para cargar con tanto dolor. Pero en las sombras del abuso, aprende a sobrevivir: construyendo muros, creando ilusiones y separando al abusador en dos caras—el que ama y el que destruye.

Pero escuche bien: usted no está rota. Usted no es débil. Usted está sanando. Con cada lágrima que cae, con cada respiro que toma, está recuperando la vida que siempre le ha pertenecido. Está recogiendo los pedazos de su alma, redescubriendo su fuerza y caminando hacia la luz que siempre ha estado dentro de usted. No solo está sobreviviendo. Está resurgiendo."

-Dr. Antonio R. Paiz

La ilusión de la dualidad: Amar al abusador y sobrevivir el abuso

Las víctimas de violencia doméstica viven en un estado de contradicción emocional. Aprenden a separar al abusador del abuso, a guardar su dolor en compartimentos. Ven a dos personas: la que les dice cosas bonitas y la que las humilla; la que dice "te amo" y la que les grita "no vales nada".

Esa división psicológica no es debilidad—es supervivencia. Cuando el amor del abusador es el único amor que conocen, se aferran a los momentos buenos, incluso cuando están rodeadas de miedo. Justifican la crueldad, perdonan las palabras hirientes, los arranques de violencia, porque creen que la persona que aman aún está allí en alguna parte, escondida bajo la rabia.

Pero esta separación, esta ilusión, es peligrosa. Mantiene a las víctimas atrapadas, convenciéndolas de quedarse, de tener esperanza, de perdonar, incluso cuando el ciclo de violencia no muestra señales de terminar.

La ilusión peligrosa

Cuando una víctima separa al abusador del abuso, lo hace para conservar la esperanza, para creer que un cambio es posible. Se convence de que, si tan solo se comporta mejor—más obediente, más comprensiva, más amorosa—la persona "buena" se quedará y la "mala" desaparecerá.

Pero este ciclo solo profundiza la herida. Cada acto de perdón es seguido por otra traición. Cada muestra de amor, por otra dosis de crueldad. La confusión emocional paraliza. Las víctimas empiezan a dudar de sí mismas, cuestionando su propio valor, su propia cordura.

"¿De verdad soy tan difícil? Tal vez me lo merezco. Tal vez si me esfuerzo un poco más..."

Esa duda es reforzada por el abusador, que manipula la realidad, haciendo que las víctimas se sientan responsable de la violencia.

"Mira lo que me hiciste hacer." "Siempre me provocas."

Las palabras del abusador resuenan en su mente, alimentando la culpa y atrapándolas en un ciclo de vergüenza y miedo. La línea entre el amor y el odio se vuelve tan borrosa que ya no pueden distinguir la diferencia.

Vivir con miedo y en aislamiento

El abuso no es solo físico; también puede ser emocional, psicológico y espiritual. Aísla a las víctimas, destruyendo poco a poco sus redes de apoyo, hasta que se sienten completamente solas. Les enseñan a no confiar en nadie, ni siquiera en sí mismas.

Sienten miedo de pedir ayuda, miedo de mostrar su dolor, miedo de ser juzgadas o de que no les crean. Sienten miedo de confiar, porque la confianza ha sido usada en su contra como un arma.

Ese aislamiento se agrava con una cultura de silencio. Los vecinos escuchan los gritos, el vidrio que se rompe, los llamados de auxilio... pero dan la espalda. "No es asunto mío." "Prefiero no meterme." Ese silencio es complicidad, y refuerza el sentimiento de abandono de la víctima.

La violencia familiar no es un asunto privado. Afecta a toda la comunidad, a los niños que escuchan cada insulto y cada golpe, y a las almas que cargan con este dolor en silencio. No podemos darnos el lujo de quedarnos de brazos cruzados.

La complejidad de irse

"¿Por qué no simplemente se van?" Es una pregunta que muchas veces hacen quienes nunca han estado atrapados en el ciclo del abuso. Pero irse no es tan sencillo como salir por la puerta. Es aterrador, complicado y lleno de peligros.

Las víctimas saben que irse puede provocar un aumento en la violencia. Saben que el abusador podría ir tras ellas, acosarlas en el trabajo, molestar a sus amigos y familiares o esperarlas afuera de la escuela de sus hijos.

Las investigaciones muestran que el momento más peligroso para una víctima es cuando intenta irse. Es entonces cuando el abusador siente que pierde el control y se vuelve más impredecible, más violento.

El papel de la fe y del apoyo

En momentos de desesperación, cuando la esperanza parece imposible, la fe puede convertirse en un salvavidas.

"Todo lo puedo en Cristo que me fortalece." (Filipenses 4:13)

Estas palabras les recuerdan a las víctimas que no están solas, que hay un poder más grande que el miedo que las ata.

Pero la fe por sí sola no es suficiente. Las víctimas necesitan apoyo— práctico, emocional y espiritual. Necesitan una comunidad que las escuche, que les crea y que actúe. Necesitan espacios seguros, amistades en quienes puedan confiar y orientación de profesionales capacitados que comprendan la complejidad del abuso.

Las comunidades de fe tienen un papel único. Pueden ofrecer consejería, oración y sanación espiritual. Pero también deben ofrecer apoyo práctico, ayudando a las víctimas a encontrar refugio, asistencia legal y herramientas para lograr independencia económica.

Escapar de la desesperación

En un mundo donde la violencia es parte del día a día, escapar puede parecer imposible. Muchas víctimas recurren a las drogas o al alcohol, buscando una salida del infierno en el que viven. Pero el alivio es momentáneo. El sufrimiento regresa. Y el ciclo del abuso continúa.

Algunas consideran huir. Otras contemplan el suicidio. Se sienten atrapadas, sin esperanza, convencidas de que están solas. Pero no lo están. Hay una salida. Hay esperanza. Hay sanación.

Pedir ayuda da miedo, pero es el primer paso hacia la libertad. Requiere valentía, confianza y fe: fe en sí mismas, fe en los demás y fe en Dios.

"Vengan a mí todos ustedes que están cansados y agobiados, y yo les daré descanso." (Mateo 11:28)

Romper el ciclo del silencio

Debemos romper el ciclo del silencio. Debemos ser una sociedad que escuche, que crea y que actúe. La violencia doméstica no es solo un asunto privado; es una crisis de salud pública. Nos afecta a todos: a nuestras comunidades, nuestros lugares de trabajo, nuestras escuelas.

Debemos ser la voz de quienes no pueden hablar, la fuerza de quienes se sienten sin poder. Debemos ofrecer seguridad, apoyo y esperanza.

Un llamado a la acción

Si usted conoce a alguien que está sufriendo, no le dé la espalda. Escúche. Créale. Bríndele apoyo sin juzgar. Guíela hacia recursos—refugios, líneas de ayuda, consejeros y redes de apoyo basadas en la fe. Hágale saber que no está sola.

Y si usted es una víctima, busque ayuda. No hay vergüenza en pedir apoyo. No hay debilidad en querer ser libre. Usted es amada. Usted merece seguridad, respeto y felicidad.

Si usted es líder en una comunidad de fe, abrace su responsabilidad. Ofrezca no solo oración y guía espiritual, sino también recursos prácticos y referencias confiables. Colabore con organizaciones locales, refugios y consejeros. Sea un refugio seguro para quienes más lo necesite.

Esperanza, sanación y libertad

Salir del abuso no es fácil. Es un camino de valentía, sanación y fe. Requiere derribar los muros de vergüenza, reconstruir la confianza y volver a encontrar la esperanza.

Pero es posible. A través de la comunidad, la fe y el amor, se puede romper el ciclo de la violencia. Los corazones pueden sanar, las vidas pueden restaurarse y la esperanza puede renacer.

"Y conocerán la verdad, y la verdad los hará libres." (Juan 8:32)

Levantémonos juntos, con fe y con amor, para llevar luz a la oscuridad. Rompamos el ciclo del silencio. Luchemos por la justicia, la sanación y la esperanza.

Porque no hay oscuridad que la luz no pueda vencer.

apuntes

3

La realidad silenciosa de los niños que crecen en violencia domestica

"Los niños conocen el sonido de cada golpe, la vibración de cada pared cuando el cuerpo de su madre la golpea, y el tono de cada grito. En algún momento, esos niños se acuestan en sus camas, llorando, rezando—si es que tienen palabras para rezar—suplicando que las peleas terminen."

-Dr. Antonio R. Paiz

Crecer con violencia doméstica

Esta es la realidad silenciosa de los niños que crecen en hogares marcados por la violencia doméstica. Su inocencia se rompe, reemplazada por un estado constante de miedo y ansiedad. Aprenden a caminar de puntillas alrededor de la tensión, a leer las señales en el rostro de un padre, a reconocer los cambios en el tono de voz que anuncian el próximo estallido de violencia.

En estos hogares, la niñez es robada. La risa se ahoga entre los ecos de los gritos, y el tiempo de juego se ve ensombrecido por el temor de lo que podría ocurrir. Estos niños se vuelven expertos en sobrevivir: aprenden a volverse invisibles, a hacerse pequeños y silenciosos, esperando no ser el próximo blanco del enojo. Maduran demasiado rápido, cargando con pesos demasiado grandes para sus pequeños hombros.

Crecen en un mundo donde el amor y el dolor se mezclan, donde la seguridad es solo una ilusión pasajera. El hogar, que debería ser un lugar de consuelo y protección, se convierte en un espacio de miedo e inestabilidad. Las paredes parecen susurrar temor, guardando la memoria de puertas azotadas, vidrios rotos y confianza destruida. El aire se llena de enojo, tristeza y secretos no hablados, ahogando la esperanza y la inocencia que deberían llenar el corazón de un niño.

Para muchos niños, esto no es solo un recuerdo: es su realidad—un ciclo que se repite día tras día, noche tras noche. Se despiertan preguntándose si hoy habrá paz o si volverán a presenciar la transformación aterradora de alguien a quien aman en alguien a quien temen. Se acuestan rezando por silencio, por calma, por seguridad.

Una infancia en medio del conflicto

Para entender el impacto de la violencia doméstica en los niños, primero tenemos que enfrentar una dura verdad: crecer en un hogar violento es como vivir en una zona de guerra. Los efectos son profundos, complejos y duraderos. Los niños no son simplemente testigos; también son víctimas. Internalizan la violencia, se culpan, se sienten impotentes y crecen demasiado rápido.

Considere la historia de Rosemary. Cuando era niña, veía cómo la furia explosiva de su padre arrasaba su hogar. Los intentos de su madre por calmarlo eran inútiles; su miedo era palpable. Rosemary odiaba a su padre, no solo por los golpes, sino por la manera en que hacía que su mamá se encogiera por dentro, rompiéndole el espíritu pedazo a pedazo.

Como escribió Hong (1994): "Crecer en un hogar donde un padre abusa del otro es vivir en un estado de terror constante" (p. 51).

La infancia de Rosemary no estuvo marcada por risas ni alegría, sino por los gritos que resonaban en las paredes, por la vibración del suelo mientras la furia de su padre recorría la casa. Este estado constante de miedo e hipervigilancia deja heridas emocionales profundas. Estos niños corren el riesgo de sufrir ansiedad, depresión y trastorno de estrés postraumático. Luchan con sentimientos de culpa y vergüenza, creyendo, en su inocencia, que de algún modo ellos son responsables de la violencia. El impacto en su autoestima es devastador, llevándolos a dudar de su valor y a cuestionar su lugar en el mundo.

Los efectos no son solo emocionales, también son conductuales. Algunos niños pueden volverse retraídos, evitando amistades e interacciones sociales por miedo a revelar su secreto doloroso. Otros pueden actuar con enojo o rebeldía, repitiendo la violencia que han presenciado. Muchos tienen dificultades académicas; les cuesta concentrarse cuando su mente está ocupada por el miedo y la preocupación.

Las promesas que se hacen a sí mismos

En la oscuridad, a solas con sus lágrimas, los niños que crecen en medio de la violencia hacen promesas en silencio:

"Nunca me voy a casar."

"Nunca voy a lastimar a nadie como me han lastimado a mí."

"Nunca voy a tener hijos, para que no vivan esto."

Estas promesas nacen del dolor, de una necesidad desesperada de darle sentido a un mundo sin sentido. Pero a medida que crecen, esas promesas pueden convertirse en barreras, impidiéndoles formar relaciones sanas o confiar en los demás.

El trauma no termina cuando la violencia cesa. Permanece, moldeando sus pensamientos, su comportamiento y sus miedos. El ciclo de violencia continúa, muchas veces manifestándose en la adultez como ansiedad, depresión o incluso repitiendo los mismos patrones que un día juraron evitar.

Cicatrices invisibles

Rosemary aprendió desde muy pequeña a volverse invisible, a esconderse detrás de los muebles, a perderse entre las sombras. Veía en silencio cómo el enojo de su padre explotaba, con palabras duras y crueles, con manos despiadadas. Veía a su mamá encogerse de miedo, con el espíritu cada vez más roto, y la luz de sus ojos apagándose con cada insulto, cada bofetada, cada empujón.

Desde la esquina de su cuarto, veía a su padre imponerse sobre su hermana Jean, con la cara desfigurada por la rabia. "¡Levántate! ¡Levántate ya o que Dios me ayude!" Las palabras retumbaban en las paredes, sacudiendo el suelo bajo sus pies. Jean trató de pararse, pero su padre la agarró del cabello, jalándola con fuerza. "¡Eres una mentirosa! ¡Naciste estúpida y morirás estúpida!", gritó, apretando más fuerte, mientras el rostro de Jean se ponía pálido del miedo.

Elizabeth miraba, temblando, demasiado asustada para moverse, demasiado aterrada para ayudar. Se tapaba la boca, tratando de no llorar, su pequeño cuerpo temblando mientras intentaba desaparecer.

Un llamado a la acción

El ciclo de la violencia es cruel y persistente. Sin intervención, los niños que crecen en hogares violentos tienen más probabilidades de entrar en relaciones abusivas cuando sean adultos, ya sea como víctimas o como abusadores. Aprenden patrones tóxicos de amor y de resolución de conflictos, repitiendo lo que vieron, porque es lo único que conocen.

Romper este ciclo requiere más que sacar al niño del peligro inmediato. Requiere comprensión, compasión y apoyo. Estos niños necesitan espacios seguros donde puedan hablar de sus miedos y sanar del trauma que han vivido. Necesitan consejería para reconstruir su autoestima, aprender a expresar sus emociones de forma sana, y entender que no tienen la culpa de la violencia que presenciaron.

apuntes

4

El papel de los padres

"Los padres deben actuar de manera proactiva. Es fundamental que reconozcan las señales de la violencia doméstica y aban los canales de comunicación con sus hijos. Esto significa escuchar sin juzgar, brindar apoyo sin presionar y ayudarlos a entender la diferencia entre una relación sana y una relación dañina."

-Dr. Antonio R. Paiz

Educando a la próxima generación

Las escuelas, las comunidades y las organizaciones religiosas también deben desempeñar un papel crucial en la educación de los jóvenes sobre las relaciones saludables. En un mundo donde cada vez es más común la exposición a conductas tóxicas y dinámicas dañinas—ya sea a través de las redes sociales, el entretenimiento o incluso dentro del hogar—los jóvenes necesitan orientación y educación para cómo es verdaderamente una relación sana.

Esta educación debe ir más allá de lo básico como el "no es no" y profundizar en valores fundamentales como el respeto, la autoestima, la inteligencia emocional y la resolución de conflictos. Enseñar respeto no se trata solo de ser amable, significa reconocer y honrar los límites, la autonomía y la dignidad de las demás personas. También implica comprender que el amor no se basa en el control, los celos ni la posesión, sino en la confianza, la libertad y el crecimiento mutuo.

Las organizaciones religiosas, en particular, tienen una función única. A menudo son fuentes de orientación y apoyo confiables para los jóvenes. Al incorporar enseñanzas sobre relaciones sanas, respeto e inteligencia emocional en sus programas juveniles, sermones y sesiones de consejerías, pueden contribuir a formar valores positivos dentro de las comunidades de fe.

Las comunidades también deben colaborar para ofrecer recursos y sistemas de apoyo a los jóvenes que están viviendo situaciones de abuso. Esto incluye líneas de ayuda, servicios de consejería, apoyo legal y talleres educativos. Las escuelas deberían incluir la educación sobre relaciones en su currículo, no solo como una sola lección, sino como un diálogo continuo que evoluciona a medida que los jóvenes crecen y enfrentan nuevos retos.

En última instancia, empoderar a los jóvenes para construir relaciones sanas requiere un esfuerzo colectivo. Esto implica la participación activa de escuelas, comunidades, organizaciones religiosas, padres y compañeros. Se necesitan conversaciones abiertas, escucha compasiva y un compromiso real con romper el ciclo del abuso.

Sin embargo, la educación por sí sola no es suficiente. También debemos empoderar a los jóvenes para que reconozcan las señales del abuso—tanto en sus propias relaciones o en las de quienes los rodean. Esto incluye identificar las formas sutiles de manipulación, control y abuso emocional que muchas veces se disfrazan de amor o preocupación. Deben aprender a diferenciar entre una atención sana y una posesividad tóxica, entre una comunicación cariñosa y un monitoreo constante, entre el amor auténtico y el control.

Desarrollando habilidades para prevenir la violencia doméstica

Las habilidades de resolución de conflictos son esenciales para mantener relaciones sanas. Los desacuerdos son normales en cualquier relación, pero la manera en que se manejan estos conflictos determina si la relación es saludable o tóxica.

Los jóvenes deben aprender a comunicarse de forma efectiva, a escuchar sin interrumpir, a llegar a acuerdos sin resentimiento y a defender sus límites sin recurrir a la agresión. Deben entender que un desacuerdo nunca debe escalar a insultos, amenazas o violencia.

La autoestima también es un componente esencial. Los jóvenes deben aprender a valorarse, a saber que merecen respeto, amor y bondad. Se les debe enseñar que su valor no depende de la aprobación ni del afecto de otra persona, y que no necesitan tolerar la falta de respeto o el abuso para sentirse amados. Fortalecer la autoestima les da el poder de establecer límites sanos y alejarse de relaciones tóxicas sin sentir culpa ni vergüenza.

La inteligencia emocional es igualmente importante. Los jóvenes deben aprender a identificar y expresar sus emociones de manera saludable. Se les debe enseñar a manejar el enojo sin recurrir a la violencia, a comunicar la decepción sin manipular, y a resolver conflictos sin intentar controlar o intimidar. Esta conciencia emocional no solo les ayuda a comprender sus propios sentimientos, sino que también promueve la empatía, permitiéndoles reconocer y respetar las emociones de los demás.

También es fundamental enseñarles a establecer y mantener límites. Los jóvenes deben saber que está bien decir que no, exigir respeto y alejarse de situaciones que les hagan sentir inseguros o incómodos. Hay que asegurarles que poner límites no es egoísta ni grosero, sino una parte esencial del respeto propio y del cuidado personal.

Fe y esperanza para sanar

Para quienes están atrapados en relaciones abusivas, la fe puede ser una fuente de fortaleza y sanación. "Todo lo puedo en Cristo que me fortalece." (Filipenses 4:13) le recuerda que no está sola, que es digna de amor, respeto y seguridad.

Pero la fe por sí sola no basta. También se necesita una comunidad que escuche, que crea y que apoye sin juzgar. Se necesitan recursos prácticos: líneas de ayuda, refugios, consejería y protección legal.

Salir de una situación de violencia no es fácil. Requiere valentía, fe y apoyo. Pero sí es posible. Hay esperanza.

Hay sanación.

Hay libertad.

"La luz en las tinieblas resplandece, y las tinieblas no prevalecieron contra ella." (Juan 1:5)

Rompamos el silencio. Hablemos con la verdad. Protejamos a nuestras hijas e hijos de las sombras del abuso.

Por Erin, y por cada joven como ella, debemos unirnos—con amor, con fe y con esperanza.

Un llamado a la acción

No podemos darnos el lujo de quedarnos en silencio. La violencia doméstica no es solo un asunto personal; es una crisis social que afecta a nuestras hijas e hijos, nuestras escuelas y nuestras comunidades. Debemos crear conciencia, educar a los jóvenes y empoderar a las víctimas para que alcen la voz. Debemos ofrecer recursos, sistemas de apoyo y espacios seguros.

Empiece la conversación. Aproveche momentos del día a día—programas de televisión, noticias, publicaciones en redes sociales—para hablar sobre relaciones, el respeto y los límites. Haga preguntas abiertas, como:

"¿Qué harías si alguien tratara de controlar con quién hablas?"

"¿Cómo te sentirías si alguien te acusara constantemente de engañarlo sin motivo?"

Ayúdeles a entender que los celos no son amor, que ser posesivo no es cuidar, y que controlar no es proteger. Enséñeles a reconocer la manipulación, a confiar en su intuición y a a valorar su dignidad.

apuntes

5

La crisis silenciosa – la violencia en el noviazgo entre adolescentes

"Las semillas de la violencia muchas suelen sembrarse en el silencio, regarse con ignorancia y cosecharse con miedo. Para proteger a nuestros hijos, tenemos que hablar con ellos, incluso cuando sea incómodo."

-Dr. Antonio R. Paiz

La conversación olvidada: por qué es fundamental que los padres hablen con sus hijos sobre la violencia en el noviazgo

La mayoría de los padres están familiarizados con ciertas conversaciones importantes que deben tener con sus hijos: sobre el sexo, las drogas y los peligros del mundo adulto. Sin embargo, hay otra conversación igual de importante que a menudo se pasa por alto: la conversación sobre la violencia en el noviazgo.

Ese silencio no es solo una omisión: es un peligro. Hoy en día, una de cada tres niñas sufre algún tipo de violencia doméstica, muchas veces emocional o psicológica, ya sea en su hogar o dentro de una relación de pareja. No se trata simplemente de estadísticas: son realidades que enfrentan nuestras hijas, hermanas y amigas. A pesar de lo común que es este problema, muchos padres no se sienten preparados para hablar del tema, ya sea porque no entienden su urgencia o porque no saben por dónde empezar.

La violencia en el noviazgo no siempre es física. Muchas veces empieza de manera sutil, con comportamientos controladores disfrazados de preocupación, manipulacion encubierta como cariño, o mensajes constantes y monitoreo justificada como amor. Estas señales de alerta pueden ser difíciles de reconocer, sobre todo para jóvenes que están iniciando sus primeras relaciones. Sin orientación, podrían confundir atención con control, o pasión con posesión.

Los padres desempeñan un papel fundamental al enseñar a sus hijos cómo debe ser una relación sana. Así como se les enseña a decir no a las drogas o a protegerse durante las relaciones sexuales, también se les debe enseñar a reconocer las señales de la violencia en el noviazgo. Esta conversación no debe ser solo de advertencias—también debe incluir temas como el respeto, los límites personales, y la confianza mutua. Los jovenes deben saber que el amor nunca debe doler, y que los celos o el control no son muestras de afecto, sino de peligro.

Ignorar esta conversación puede tener consecuencias devastadoras. Las víctimas de violencia en el noviazgo tienen más probabilidades a sufrir depresión, ansiedad y otros problemas de salud mental. Tambien tienen mayor riesgo de consumir sustancias, tener pensamientos suicidas e incluso perpetuar el ciclo de violencia en su vida adulta. El silencio permite que estos patrones continúen.

Abrir este tipo de diálogo requiere valentía y vulnerabilidad, pero es esencial. Los padres deben crear un espacio seguro para que sus hijos hagan preguntas, compartan inquietudes y hablen de sus experiencias. Es importante escuchar sin juzgar, ofreciendo apoyo y orientación en lugar de críticas. Se debe fortalecer a los jóvenes con el conocimiento y la confianza para pedir ayuda si se encuentran en una relación dañina.

Existen recursos que pueden ayudar a abordar esta conversación. Organizaciones como Loveisrespect y la Línea Nacional contra la Violencia Doméstica ofrecen materiales educativos, guías para iniciar el tema y redes de apoyo para padres y adolescentes. Escuelas y programas comunitarios también pueden brindar talleres o servicios de consejería.

En última instancia, el objetivo no es solo proteger a los jovenes, sino también educarlos y empoderarlos. Al hablar con claridad sobre la violencia en el noviazgo, se les enseña a reconocer su valor y a exigir respeto en todas sus relaciones. Esto no es solo una conversación: es una línea de vida, una lección de amor propio y seguridad que todos los jóvenes merecen.

Una epidemia oculta

La violencia en el noviazgo no se limita al abuso físico. Es un patrón de conductas controladoras, coercitivas y manipuladoras diseñadas para ejercer poder sobre otra persona. Se manifiesta como abuso emocional, intimidación, insultos verbales, aislamiento de amigos y familia, celos y, en algunos, casos agresión física.

Estas conductas pueden ser insidiosas, escondidas bajo la apariencia del amor o la protección. "Es que te amo tanto que quiero pasar todo el tiempo contigo." "¿Para qué necesitas salir con ellos si me tienes a mí?" La manipulación emocional es sutil, a menudo disfrazada de cariño, pero está basada en el control.

Muchas víctimas ni siquiera se dan cuenta de que están siendo abusadas. Confunden los celos con amor, la posesividad con cuidado y el aislamiento con protección. Justifican el comportamiento porque no conocen cómo debe ser una relación sana.

La historia de Erin: un descenso lento hacia el aislamiento

Erin tenía 19 años cuando lo conoció—el chico que parecía perfecto. "Me traía flores sin razón," recuerda. Al principio, su atención era halagadora. Confundió sus celos con amor, creyendo que significaban que le importaba.

Pero con el tiempo, los celos se transformaron en control. No solo quería estar con ella todo el tiempo; necesitaba saber dónde estaba, con quién y qué hacía. Empezó a desconfiar de sus amistades y luego de su familia. Finalmente, logró aislarla de todos los que ella amaba.

Nunca la golpeó, pero no necesitó hacerlo. Su violencia fue psicológica—la empujaba, le torcía los brazos, le bloqueaba la puerta cuando ella intentaba irse. Golpeaba las paredes, le gritaba en la cara y la hacía sentirse pequeña, inútil y con miedo.

Cuando ella intentaba irse, él la manipulaba emocionalmente. "Te amo. Te necesito. Voy a cambiar." Y luego, con la misma rapidez: "No eres nada sin mí. Nadie te amará como yo."

Ese vaivén emocional la dejó confundida y dependiente. Empezó a creerle, a pensar que no merecía amor, que era afortunada de tenerlo, aunque le hiciera daño.

La trampa psicológica

La historia de Erin es tristemente común. Muchos jóvenes quedan atrapados en relaciones abusivas porque confunden la manipulación con el amor. Justifican el abuso, convenciéndose de que es normal, que lo merecen o que pueden cambiar al abusador.

La violencia en el noviazgo no se trata solo de daño físico. Se trata de control. Se trata de destruir la autoestima de la víctima, de aislarla de su red de apoyo y de crear un ciclo de dependencia y miedo.

"No puedo dejarlo. ¿Quién más me va a amar?" "Es mi culpa. Yo lo hago enojar." "Me hace daño porque me quiere mucho."

Estos pensamientos no reflejan debilidad, sino manipulación. El abusador utiliza el gaslighting, manipulación psicológica extrema, el abuso emocional y el control para mantener a la víctima dependiente y sumisa.

El impacto en la vida de los jóvenes

El impacto de la violencia en el noviazgo en los jóvenes es profundo. Afecta su salud mental, su rendimiento académico y su desarrollo social. Pueden sufrir ansiedad, depresión, baja autoestima e incluso trastorno de estrés postraumático.

Estas heridas pueden seguir presentes en la adultez, afectando la capacidad de confiar, establecer relaciones sanas y superar el trauma emocional. Algunas personas incluso se convierten en abusadoras, repitiendo el ciclo que aprendieron como víctimas.

¿Por qué no simplemente se van?

Una de las preguntas más comunes es: "¿Por qué no se van?" Pero la respuesta es compleja.

Salir de una relación abusiva da miedo. Las víctimas temen represalias, manipulación emocional y el estigma social. Temen que nadie les crea o que las culpen por el abuso.

Muchas víctimas dependen emocionalmente de su abusador. Están aisladas de sus seres queridos, controladas económicamente, o convencidas de que no son dignas de amor.

Un llamado a la acción

El silencio que rodea la violencia en el noviazgo debe terminar. Los jóvenes merecen más que solo conciencia; merecen acción, educación y empoderamiento. No se puede permanecer indiferente mientras intentan construir relaciones sin las herramientas necesarias para reconocer la manipulación, el control y el abuso.

Es responsabilidad colectiva—de padres, maestros, líderes comunitarios y amistades—iniciar estas conversaciones esenciales, enseñar respeto, autoestima y límites saludables, y brindar espacios seguros donde puedan pedir ayuda sin miedo ni vergüenza.

Se deben aprovechar recursos como Loveisrespect y la Línea Nacional de Violencia Doméstica para apoyar estos esfuerzos. Al enfrentar la violencia en el noviazgo de manera directa, no solo se protege a los jóvenes, sino que se les capacita para exigir respeto, valorarse a sí mismos y romper el ciclo de violencia. No se trata sólo de poner fin al abuso; se trata de formar una generación que sepa lo que vale y que defiende su dignidad. El momento de actuar es ahora. La seguridad y el bienestar de los hijos dependen de ello.

apuntes

6

El duelo oculto de dejar una relación abusiva

Adaptación, práctica y percepción en el oeste

"Terminar una relación abusiva no solo es un acto de valentía; *es un acto de pérdida profunda. Es un proceso de duelo por un amor que nunca fue, por sueños que nunca serán y por la persona que fue moldeada por el abuso."*

-Dr. Antonio R. Paiz

Dejar una relación abusiva: un camino de pérdida profunda

Cuando una relación termina, hay dolor. Pero el dolor de dejar una relación abusiva es especialmente complejo y muchas veces incomprendido. No se trata solo perder a una pareja, sino de perder la identidad se construyo para sobrevivir, los sueños a los que se aferró y el amor que deseaba con todas sus fuerzas, pero que nunca recibió.

Estas relaciones abusivas suelen implicar un ciclo de manipulación, control y dependencia emocional. Poco a poco, el abusador va desgastando sistemáticamente el sentido de identidad de la víctima, dejándola cuestionando su valor, su cordura y su realidad. Para sobrellevarlo, tal vez usted creó una versión de sí misma capaz de resistir la turbulencia emocional—una que prioriza las necesidades del abusador, que silencia su propia voz y que cree que aguantar es amar.

Cuando por fin se va, esa identidad se rompe y se queda tratando de recoger los pedazos de quién era antes del abuso y de quién es ahora sin esa persona.

Incluso cuando usted es quien toma la decisión de irse, el dolor puede ser insoportable. Tal vez se imaginó que sentiría alivio al liberarse por fin del miedo, el control y la manipulación—y sí, siente ese alivio. Pero junto a eso también llega una tristeza inesperada, que puede sentirse tan abrumadora como el propio abuso. Esa tristeza no es solo por extrañar a quien le hizo daño, sino por llorar a la persona que usted desperaba que esa persona llegara a ser.

Los abusadores a menudo tienen la habilidad de alternar entre la crueldad y el afecto, creando así un vínculo emocional poderoso conocido como "vínculo traumático". Este ciclo de abuso y reconciliación puede dejarle deseando los momentos en que esa persona fue amable, amoroso y atento—momentos que le hicieron creer que todo iba a mejorar. Irse significa aceptar que esos momentos formaban parte de una estrategia de manipulación, no de amor verdadero. Esta realización puede ser devastadora, porque implica soltar la esperanza de que cambiarían, la esperanza de que su amor podría salvarlos y la esperanza de que la relación podría convertirse en lo que usted una vez soñó.

También hay una profunda sensación de aislamiento que puede acompañar el proceso de salir de una relación abusiva. Los abusadores suelen aislar a sus víctimas de amistades y familia, creando una dependencia que hace que irse se sienta no solo doloroso, sino aterradoramente solitario. Puede que sienta que nadie entiende lo que vivió o por qué se quedó tanto tiempo. La vergüenza y la culpa pueden ser asfixiantes, llevandole a cuestionar sus decisiones, su fortaleza e incluso su cordura.

Además, los abusadores suelen sembrar un sentidoo de miedo e impotencia que no desaparece al terminar la relación. Usted puede seguir mirando por encima del hombro, sentir ansiedad por sus reacciones o luchar con las cicatrices psicológicas que dejaron la manipulación y el control. Estos miedos persistentes pueden hacer que la libertad se sienta como una ilusión frágil en lugar de una realidad liberadora.

Sanar de una relación abusiva requiere más que tiempo; requiere desaprender todas las mentiras que le hicieron creer, reconstruir su sentido de identidad y retomar su historia. Implica reconoer que el dolor que siente no es debilidad ni fracaso; es prueba de su valentía al haberse ido y de la fuerza que se necesita para reconstruirse.

La complejidad del duelo al dejar el abuso

Lidiar con el duelo tras el fin de una relación abusiva es complicado. No se trata simplemente de extrañar a una persona; se trata de llorar la pérdida de un sueño, de una identidad y de una vida que se esperaba construir.

La tristeza que siente es real, incluso si la relación fue tóxica. No significa que tomó una decisión equivocada al irse. Tampoco significa que deba regresar. Simplememte significa que usted es humana.

Este camino no es lineal. Habrá días en los que se sienta empoderada y otros en los que el dolor y la confusión regresen con todo. Tal vez extrañe a la persona que le hizo daño o preguntándose si irse fue la decisión correcta. Esto es normal. Sanar es aprender a sentirse segura en su propia piel nuevamente, a confiar en sus percepciones y a creer que merece un amor que no duela.

Es fundamental buscar apoyo, ya sea en amistades de confianza, familiares o profesionales capacitados que comprendan la complejidad del abuso. Rodéese de personas que validen su experiencia, que le recuerden su valor y que la ayuden a reconstruir una vida libre de miedo y control

Salir de una relación abusiva no significa que el dolor termine, pero sí es el comienzo de la sanación. Es el primer paso para recuperar su voz, su poder y su vida. Y aunque el camino pueda parecer abrumador, usted no está sola. Su historia importa, su dolor es real y su sanación es posible.

El duelo por la pérdida de la intimidad

Incluso en relaciones abusivas hay momentos de ternura, afecto y conexión. El abusador no siempre es cruel; a veces puede ser amoroso, atento y generoso. Esos momentos no justifican el dolor que causa, pero son suficientes para crear lazos emocionales difíciles de romper.

Es posible que extrañe la intimidad física, la compañía o la comodidad consuelo de tener a alguien con quien compartir la vida cotidiana. Aunque la relación estuviera llena de conflictos y miedo, hubo momentos de conexión que se sintieron reales.

Está bien extrañar esos momentos. Está bien llorar la pérdida de esa intimidad, incluso cuando estuvo mezclada con dolor.

La pérdida de su confidente

En una relación abusiva, muchas veces el abusador se convierte en su principal confidente, no por verdadera confianza, sino por aislamiento. Manipula para que usted crea que nadie más la entiende, que a nadie más le importa, y que no vale nada sin esa persona.

Aunque el abusador fuera controlador, aun así era la persona con quien compartía sus pensamientos, miedos y sueños. Era la persona a quien acudía en busca de consuelo, incluso cuando también era quien le causaba dolor.

Dejar a esa persona significa perder a ese confidente. Significa volver a aprender a confiar, a acercarse a otros personas y a reconstruir la red de apoyo que fue destruida poco a poco.

Duelo por la identidad perdida

El abuso cambia a uno. Cambia la forma en que usted se ve a sí misma, cómo ve a los demás y cómo se mueve en el mundo. Le enseña a andar con cuidado, a dudar de sus propias percepciones y a silenciar su voz.

Después de salir de una relación abusiva, muchas sobrevivientes sienten una profunda pérdida—no solo por la relación, sino también por la persona que solían ser. Lloran la pérdida de su confianza, su alegría y su sentido de seguridad.

Puede que se sienta como una sombra de quien era antes, cargando con el trauma que vivió. Puede que sienta rabia, desconfianza o miedo. Estas son reacciones normales a experiencias anormales.

La buena noticia es que la sanacion es posible. La persona que usted realmente es no ha desaparecido; solo está sepultado bajo el dolor. Con tiempo, apoyo y compasión hacia usted misma, puede redescubrir quién es y reconstruir la identidad que le fue arrebatada.

La pérdida de cosas valiosas

Muchos abusadores a menudo destruyen pertenencias valiosas como una forma de controlar, castigar o manipular a sus víctimas. Tal vez perdió recuerdos sentimentales, reliquias familiares o pertenencias con profundo valor emocional.

Dejar una relación abusiva a veces implica huir con solo lo que trae puesto. Tal vez tuvo que abandonar un hogar lleno de recuerdos, objetos preciados y una sensación de familiaridad.

Es natural llorar esas pérdidas. Esos objetos eran más que simples cosas materiales—eran símbolos de su vida, su historia y su identidad.

Sueños y esperanzas rotas

Quizá la pérdida más profunda sea la muerte de un sueño. Al comenzar la relación, usted creía en un futuro—un futuro lleno de amor, compañia y felicidad. Imaginaba construir una vida juntos, formar una familia y envejecer con alguien que la amara.

El abuso hizo pedazos ese sueño. Ahora tal vez se siente desilusionada, con amargura o sin esperanza. Tal vez se pregunta si algún día podrá volver a confiar, a amar o a sentirse segura otra vez.

Está bien llorar la perdida de ese sueño. Está bien sentirse triste, enojada y con el corazón roto. *Su dolor es real, y sus sueños eran válidos—aunque la persona con quien los soñaba no lo fuera.*

La pérdida de su comunidad y vínculos

Salir de una relación abusiva suele significar perder más que una pareja. Puede significar perder amistades, familiares y todo un círculo social. El abusador puede haberla aisladode sus seres queridos, manipulando a otros en su contra o creado una historia que la mostraba a usted como la culpable.

Tal vez haya tenido que alejarse de personas que decidieron creerle al abusador y no a usted. Puede sentirse abandonada, traicionada o completamente sola.

Es una pérdida muy profunda, pero también es una oportunidad: para reconstruir una nueva comunidad de personas que de verdad se preocupen por usted, que la apoyen y que nunca traicionen su confianza.

El costo de la seguridad: estabilidad financiera y emocional

Salir de una relación abusiva muchas veces implica dificultades económicas. Si el abusador controlaba el dinero, usted puede encontrarse luchando para llegar a fin de mes, reconstruir su carrera o mantener a sus hijos.

Esa inestabilidad financiera puede causar ansiedad, miedo y una sensación de impotencia. Puede incluso llegar a cuestionarse si hizo bien en irse, no porque quiera regresar, sino porque sobrevivir se siente abrumador.

Duelo por sus hijos

Si usted tiene hijos con su abusador, su duelo se complica aún más. Tal vez siente culpa por haberlos expuesto a la violencia, rabia por el dolor que sufrieron y tristeza por la pérdida de su inocencia.

También puede estar llorando la familia que alguna vez imaginó—el sueño de criar a sus hijos en un hogar lleno de amor y seguridad. Ese sueño fue destruido por el abuso, y está bien llorar esa pérdida.

Un llamado a la acción

El duelo no es una señal de debilidad. Es una señal de amor, esperanza y humanidad. Es una muestra de su capacidad de sentir, soñar y amar, aun cuando sus sueños fueron destruidos y ese amor fue traicionado.

Permítase sentir el duelo. Permítase sentir la tristeza, la rabia y el dolor. Pero también dese permiso para sanar.

"Dichosos los que lloran, porque ellos recibirán consolación." (Mateo 5:4)

Su duelo es sagrado. Es parte del camino hacia la sanación, el crecimiento y la renovación. Con el tiempo, el dolor disminuirá y las cicatrices se desvanecerán. Aprenderá a amar otra vez, a confiar y a soñar.

Usted no está rota. Está sanando. Y con cada lágrima que derrama, con cada respiración que toma, está recuperando la vida que siempre le perteneció.

apuntes

7

Usted no está sola: recursos y apoyo

Salir de una relación abusiva es un acto de valentía. Es una declaración de su valor, su fortaleza y su derecho, dado por Dios a vivir sin miedo."

-Dr. Antonio R. Paiz

Empoderando a sobrevivientes a través del conocimiento y el apoyo

El conocimiento es poder. Comprender cómo funciona el sistema de justicia empodera a las sobrevivientes para tomar decisiones informadas, navegar por entornos legales complejos y abogar por su propia seguridad y sus derechos.

Sin embargo, el conocimiento por sí solo no es suficiente. Las sobrevivientes necesitan una red de apoyo que incluya asistencia legal, consejería emocional, recursos comunitarios y aliados firmes que les crean y permanezcan a su lado.

Recuperar la libertad y navegar la justicia

"Con cada lágrima que derrama y cada respiro que toma, usted está reclamando la vida que siempre le ha pertenecido."

Romper con la violencia doméstica requiere una valentía profunda. Pero el camino hacia la seguridad y la justicia muchas veces se complica por un sistema legal difícil de entender. Para alguien que apenas está saliendo de una situación de abuso—con miedo, trauma y dudas—aprender a moverse dentro de ese sistema puede sentirse abrumador.

Este capítulo desentraña las complejidades del sistema de justicia y ofrece a los sobrevivientes, a sus defensores y a sus aliados solidarios una guía clara para buscar seguridad, protección y justicia. Presenta información clave sobre los sistemas de justicia penal y civil, explicando cómo funciona cada uno y cómo impactan de forma distinta los casos de violencia doméstica.

Estructura del sistema de justicia

El sistema de justicia tiene dos pilares principales: el derecho penal y el derecho civil. Cada uno cumple funciones distintas:

Sistema de justicia penal: se enfoca en el crimen y el castigo. Trata la violencia doméstica como un delito contra el estado. Esto incluye delitos como agresión física, acoso, acecho e incluso homicidio. Los casos penales son procesados por el Estado, no por la víctima, lo cual puede ser a la vez empoderante y frustrante. Aunque el Estado puede presentar cargos en nombre de la víctima, el proceso a veces se siente fuera de su control, lo que puede aumentar la sensación de impotencia.

Sistema de justicia civil: trata temas no criminales como el divorcio, la custodia de hijos, derechos de propiedad y compensación económica. En situaciones de violencia doméstica, este sistema se usa para obtener órdenes de protección o de restricción para proteger a las víctimas y sus hijos. Estas órdenes se pueden iniciar por la víctima y su propósito es proteger, no castigar al abusador.

Sistema de justicia penal: delito y castigo

El derecho penal aborda actos que violan el código penal, como la agresión física, el acoso, el acecho y el homicidio. Estos actos se procesan como delitos con el fin de proteger la seguridad pública y prevenir daños.

El estado lleva estos casos incluso si la víctima decide no presentar cargos, con el objetivo de asegurar que haya consecuencias. Esto puede ser empoderante, pero también puede hacer que la sobreviviente sienta que ha perdido el control sobre lo que sucede.

Retos dentro del sistema penal

Alta carga de prueba: para lograr una condena, la evidencia debe demostrar culpabilidad "más allá de toda duda razonable", lo cual puede ser difícil en casos de violencia doméstica, donde muchas veces la única evidencia es el testimonio de la víctima.

Revictimización: las víctimas pueden sentirse revictimizadas al tener que testificar contra su abusador o temer represalias si el caso no termina en una condena.

Falta de sensibilidad: el sistema penal no siempre está preparado para manejar las complejidades emocionales de la violencia doméstica. Muchos sienten miedo, confusión y una gran vulnerabilidad durante el proceso.

Sistema de justicia civil: protección y resolución

El sistema de justicia civil le ofrece soluciones legales para proteger su seguridad personal, su estabilidad económica y a su familia. A diferencia del sistema penal, donde el Estado toma la iniciativa, aquí la víctima es quien inicia el proceso. Eso le da más control sobre lo que sucede.

Tipos de órdenes de protección civil:

Órdenes de Protección Temporales (TPO): órdenes de emergencia que ofrecen seguridad inmediata por un tiempo corto, hasta que se pueda hacer una audiencia completa en la corte.

Órdenes de Protección permanentes: brindan protección a largo plazo, normalmente de uno a cinco años, dependiendo del estado donde viva.

Órdenes de No Contacto: prohíben legalmente al abusador tener cualquier tipo de contacto con la víctima, ya sea directo, por otras personas o por medios electrónicos.

Ventajas y límites de las órdenes de protección civil:

Estas órdenes de protección son legalmente obligatorias y pueden ser reforzadas por la policía, pero su efectividad depende de si el abusador decide respetarlas o no.

Si el abusador viola la orden, puede enfrentar cargos penales. Sin embargo, la falta de seguimiento por parte de las autoridades puede dejar a las víctimas sintiéndose vulnerables.

Navegan los dos sistemas

Las sobrevivientes a menudo se encuentran atrapadas en procesos legales tanto en el sistema penal como el civil al mismo tiempo. Por ejemplo, una víctima puede estar buscando la persecución penal por agresión mientras también solicita una Orden de Protección civil para su seguridad continua o inicia procedimientos de divorcio y custodia.

Esta doble navegación requiere comprender diferentes estándares legales, cargas de pruebas y procesos judiciales. Puede ser un proceso emocionalmente y mentalmente agotador, ya que obliga a las sobrevivientes a revivir experiencias traumáticas una y otra vez.

Barreras para acceder a la justicia

Las sobrevivientes de violencia doméstica enfrentan numerosas barreras para acceder a la justicia, tales como:

Miedo a represalias: los abusador pueden amenazar con causar daño o intensificar la violencia si se toma acción legal.

Limitaciones financieras: los costos legales, la pérdida de ingresos y los gastos de reubicación pueden hacer que buscar justicia sea un desafío económico.

Trauma emocional: el impacto psicológico del abuso puede afectar la toma de decisiones y la confianza, complicando el proceso legal.

Estigma social y barreras culturales: el temor al juicio, al ostracismo o a estigmas culturales puede desanimar a las víctimas a pedir ayuda.

Falta de conocimiento y apoyo: muchas personas desconocen sus derechos legales o los recursos disponibles para ellas.

El rol de la defensa y los servicios de apoyo

Navegar el sistema de justicia requiere más que conocimientos legales; demanda apoyo integral. Los defensores de víctimas de violencia domestica, las organizaciones de asistencia legal y los servicios comunitarios son esenciales para guiar a lasm sobrevivientes durante el proceso legal.

Los defensores pueden ayudar con:

Preparar documentos legales y presentar Órdenes de Protección.

Acompañar a las sobrevivientes a la corte para brindar apoyo emocional.

Conectar a las sobrevivientes con refugios, consejería y recursos económicos.

Educar a las sobrevivientes sobre sus derechos legales y empoderarlas para tomar decisiones con informa

Hacia un enfoque holístico de la justicia

La violencia doméstica es más que un asunto legal; es una crisis de salud pública, una tema de justicia social y una preocupación de derechos humanos. Abordarla requiere un enfoque integral y holístico que incluya:

Protecciones legales: fortalecer las leyes que protegen a las víctimas y responsabilizan a los agresores.

Educación comunitaria: aumentar la conciencia sobre la violencia doméstica, sus señales y su impacto en la sociedad.

Cambio cultural: Cuestionar las normas sociales que perpetúan la violencia, el control y la desigualdad de género.

Apoyo y sanación: proveer a las sobrevivientes acceso a consejería, grupos de apoyo, vivienda e independencia financiera.

Un llamado a la acción

Para terminar con la violencia doméstica se necesita acción colectiva:

Los miembros de la comunidad deben escuchar, creer y apoyar a las sobrevivientes sin juzgar.

Las legisladores deben crear y aplicar leyes que protejan a las víctimas y responsabilicen a los abusadores.

Las comunidades de fe deben ofrecer compasión, orientación y recursos prácticos para la sanación.

Por encima de todo, debemos romper el silencio. Debemos enfrentar el estigma, empoderar a las sobrevivientes y crear una sociedad donde cada persona pueda vivir libre de violencia, miedo y opresión.

Su valentía recupera su libertad.

Su voz rompe el silencio.

Su fuerza reconstruye su vida.

apuntes

8

Rompiendo el ciclo

"Juntos, podemos marcar la diferencia. Pero todo comienza con conciencia, valentía y fe."

-Dr. Antonio R. Paiz

Una perspectiva basada en la fe

La violencia familiar no es solo un asunto privado; es un problema social que necrequiere una respuesta colectiva. Durante demasiado tiempo, hemos separado la sanación espiritual de la intervención práctica, dejando un vacío en nuestro enfoque hacia la violencia doméstica. Ha llegado el momento de cerrar esa brecha, integrando el apoyo comunitario, la intervención legal y la guía espiritual.

La violencia doméstica es un problema complejo que no termina simplemente cuando cesa el abuso o cuando se toma acción legal. Las cicatrices que deja no son solo físicas, sino también emocionales y espirituales. Sobrevivientes a menudo luchan con preguntas sobre su valor, el perdón y su identidad, y muchas buscan consuelo y sanación a través de su fe. Sin embargo, nuestros sistemas actuales de apoyo—como los albergues, las escuelas y los programas gubernamentales—con frecuencia evitan incorporar la guía espiritual por temor a infringir los derechos de las víctimas o parecer coercitivos. Esta precaución, aunque bien intencionada, ignora el papel profundo que la fe desempeña en la vida de muchas personas sobrevivientes, especialmente aquellas que pertenecen a comunidades religiosas.

A través de mi trabajo con el Equipo de Crisis de Asistencia Familiar del Departamento de Policía de San Antonio, he sido testigo del poder transformador de la fe en la vida de quienes sufren violencia doméstica. He visto a mujeres que, a pesar del dolor y el miedo inimaginables, encontraron la fuerza para reconstruir sus vidas gracias a sus creencias espirituales. He presenciado cómo los círculos de oración crean espacios seguros donde las sobrevivientes pueden compartir sus historias, cómo la consejería pastoral les ayuda a procesar el trauma y cómo las comunidades de fe se unen para ofrecer apoyo tangible, como vivienda, comida y asistencia legal.

La sanación espiritual tiene el poder de restaurar familias rotas, renovar espíritus quebrantados y romper el ciclo de la violencia. Para muchas sobrevivientes, la fe no es solo un mecanismo para sobrellevar la situación; es una fuente de identidad, esperanza y resiliencia. Al integrar la guía espiritual en nuestros sistemas de apoyo, honramos las creencias culturales y personales de las sobrevivientes y ofrecemos un enfoque más completo hacia la sanación.

Aun así, la exclusión del apoyo espiritual sigue siendo común. En muchos albergues, se retiran los símbolos religiosos y se desalientan las conversaciones sobre la fe, con el fin de mantener un entorno secular. Si bien es fundamental respetar la diversidad de creencias entre las sobrevivientes, también es importante reconocer que, para algunas, la sanación espiritual es una parte esencial de su proceso de recuperación. Al evitar este aspecto, corremos el riesgo de alejar a quienes encuentran fuerza y consuelo en su fe.

La solución no es reemplazar los servicios seculares por servicios religiosos, sino ofrecer ambos, asegurando que cada persona sobreviviente tenga la libertad de elegir el tipo de apoyo que más le ayude. Esto implica colaborar con líderes de fe capacitados en atención informada por el trauma, incluir la consejería espiritual como un recurso opcional y brindar apoyo culturalmente sensible que respete el sistema de creencias de cada persona.

¿Por qué la Biblia?

La Biblia ofrece sabiduría eterna sobre el amor, el respeto, el perdón y la reconciliación. Sus enseñanzas brindan una guía práctica para construir relaciones sanas, manejar el enojo y cultivar la compasión. Enseña sobre la paciencia, la comprensión y la humildad—cualidades esenciales para resolver conflictos y fortalecer vínculos significativos. La Biblia dice que el amor es paciente y bondadoso (1 Corintios 13:4–7), que el respeto y el honor son la base de relaciones sanas (Efesios 5:33) y que el perdón es un camino hacia la sanación y la libertad del resentimiento (Mateo 6:14–15).

Estos principios no son solo ideales espirituales; son herramientas prácticas para construir relaciones basadas en el respeto, el amor y la salud emocional. Por ejemplo, Efesios 4:26–27 aconseja: "Si se enojan, no pequen. No dejen que el enojo les dure hasta la puesta del sol, ni den lugar al diablo." Este consejo sabio sobre cómo resolver conflictos, enseñando la importancia de tratar los problemas sin dejar que el enojo se convierta en resentimiento o amargura.

La Biblia también hace énfasis en la reconciliación y la restauración. En Mateo 18:15–17, Jesús ofrece una guía práctica para resolver desacuerdos, promoviendo la comunicación abierta, la responsabilidad y el perdón. Sin embargo, la reconciliación no significa tolerar el abuso o el daño. La Biblia también llama a la justicia y la responsabilidad, animando a proteger a las personas vulnerables y a corregir lo que está mal (Isaías 1:17, Proverbios 31:8–9).

Para quienes la buscan, la Biblia ofrece esperanza, sanación y un modelo para reconstruir familias rotas. Habla al corazón herido, brindando consuelo y restauración. El Salmo 147:3 dice: "Sana a los quebrantados de corazón, y venda sus heridas." Para víctimas de violencia doméstica o relaciones rotas, este mensaje puede ser una fuente inmensa de consuelo y esperanza. La Biblia le recuerda que no está sola, que su dolor no pasa desapercibido y que la sanación es posible.

No obstante, este enfoque debe ser sensible y no impositivo. Debe ofrecerse como un recurso, no como una obligación. Debe respetar su camino de fe, su cultura y sus creencias personales. No todos los sobrevivientes de violencia domestica comparten las mismas creencias religiosas, y para algunos, su abusador pudo haber usado enseñanzas religiosas para justificar su control o su violencia. Por lo tanto, cualquier tipo de guía espiritual debe ofrecerse con humildad, sensibilidad y profundo respeto por sus y creencias y límites personales.

La responsabilidad de la comunidad

La violencia doméstica no es solo un asunto familiar; es un problema social que requiere una respuesta colectiva. Ya no podemos quedarnos al margen. Al integrar la guía espiritual con el apoyo comunitario y la intervención legal, podemos crear una forma más completa para enfrentar y prevenir la violencia familiar.

Líderes religiosos y comunidades de fe pueden desempeñar un papel clave en este esfuerzo. A menudo son personas de confianza dentro de sus comunidades, y su participación puede ayudar a reducir el estigma de pedir ayuda. Pero también es fundamental educarlos y prepararlos para responder de manera adecuada a la violencia doméstica, evitando culpar a la víctima y asegurando que la guía espiritual no reemplace el acompañamiento profesional o las acciones legales necesarias.

Al conectar la sanación espiritual con la la intervención práctica, creamos un sistema de apoyo más inclusivo y completo para los sobrevivientes de la violencia doméstica. Les damos herramientas no solo para salir de una situación abusiva, sino también para sanar en lo emocional, espiritual y psicológico. Rompemos el ciclo de la violencia al atender no solo las heridas físicas, sino también el espíritu de quienes han sido dañados.

Es momento de reconocer que la violencia familiar no es solo un problema privado; sino un asunto que nos concierne como comunidad y como sociedad. También es momento de reconocer que, para muchas personas, la sanación espiritual no es un lujo, sino una necesidad. Al combinar el apoyo comunitario, la intervención legal y la guía espiritual, podemos ofrecer a los sobrevivientes la sanación integral que merecen.

Un llamado a la acción

Es crucial colaborar con líderes de fe capacitados en trauma y que entiendan la complejidad de la violencia doméstica. Las comunidades religiosas pueden ser espacios seguros para sanar, pero también tienen la responsabilidad de no presionar a los sobrevivientes a perdonar o reconciliarse antes de tiempo. El perdón es un proceso personal, y aunque puede ser una herramienta poderosa para sanar, nunca debe usarse para justificar el abuso ni para negar la necesidad de justicia y responsabilidad.

Como dice Mateo 11:28: "Vengan a mí todos los que están cansados y agobiados, y yo les daré descanso". Ese mensaje de esperanza y sanación es poderoso y, para muchas personas, es una parte esencial de su camino hacia la recuperación. Para sobrevivientes, ofrece un refugio—un descanso del peso emocional, psicológico y espiritual que han cargado. Es una invitación a soltar la vergüenza, el miedo y el dolor, y a encontrar paz en la fe.

Al final, integrar la guía espiritual con la intervención práctica nos da una forma más completa de sanar. Implica atender tanto las heridas físicas y emocionales como las cicatrices espirituales que deja el abuso. Cuando se ofrece la fe como un recurso y no como una obligación, le estamos devolviendo el poder a sobrevivientes para recuperar su historia, sanar a su manera y reconstruir su vida con dignidad y esperanza.

apuntes

9

Conclusión

Guía bíblica para construir relaciones sanas y poner fin a la violencia doméstica

"Romper el ciclo de la violencia doméstica requiere más que la intervención legal o la concientización en la comunidad. Requiere sanación. Para muchos, esa sanación viene de la fe, de encontrar esperanza y propósito a través de la guía espiritual."

-Dr. Antonio R. Paiz

Fe, justicia y sanación

La Biblia no solo ofrece esperanza, sino también orientación práctica para construir relaciones más sanas. Enseña amor, respeto y perdón. Pero también enseña fortaleza, valentía y justicia. Usar la fe como una herramienta para la sanación no significa ignorar la necesidad de rendir cuentas o de buscar justicia. En cambio, ofrece un camino hacia el perdón y la reconstrucción, tanto para las víctimas como para los agresores.

Uno de los mensajes más poderosos de la enseñanza bíblica es el énfasis en el amor y el respeto. En Efesios 5:25, se les instruye a los esposos: "Maridos, amen a sus esposas, así como Cristo amó a la iglesia, y se entregó a sí mismo por ella." Este amor no se trata de control ni de dominación; se trata de sacrificio, protección y cuidado. Se trata de poner el bienestar de su pareja por encima de sus propios deseos. Esta base de respeto y cuidado es esencial para construir relaciones sanas, libres de abuso y manipulación.

Al mismo tiempo, la Biblia enfatiza la importancia de la justicia y la responsabilidad. En Isaías 1:17, los creyentes son llamados a "buscar la justicia, corregir la opresión; hacer justicia al huérfano, defender la causa de la viuda." Este mandato deja claro que la fe no es para quedarse callado ante el sufrimiento, sino para actuar, para enfrentar la injusticia y proteger a los más vulnerables. Para quienes han sufrido violencia doméstica, esto significa que buscar justicia no solo es aceptable, sino que también es un acto de dignidad y valentía ante Dios.

El perdón es otro pilar en las enseñanzas bíblicas, aunque muchas veces se malinterpreta como justificar o tolerar el daño. En realidad, el perdón, según lo enseña Cristo, es una manera de liberarse del rencor y la amargura, no de excusar el abuso. En Mateo 18:21-22, Jesús habla sobre el perdón, pero eso no significa ignorar la responsabilidad. El perdón es parte de su proceso personal de sanación. Le permite recuperar la paz, pero no le obliga a seguir en relación con su agresor.

De hecho, la Biblia reconoce la necesidad de establecer límites para protegerse. En Proverbios 22:24-25 dice: "No te entremetas con el iracundo, ni te acompañes con el hombre de enojos; No sea que aprendas sus maneras, y tomes lazo para tu alma." Esta sabiduría subraya la importancia de alejarse de personas tóxicas, incluyendo parejas abusivas.

La Biblia también da fuerza y valor para pedir ayuda y buscar justicia. En el Salmo 82:3-4 leemos: "Defiendan al débil y al huérfano; hagan justicia al afligido y al oprimido. Libren al débil y al necesitado; líbrenlos de la mano del malvado." Este es un llamado a la acción, no solo para las comunidades de fe, sino también para los sobrevivientes, animándolos a buscar seguridad y justicia sin vergüenza.

Para los agresores, la Biblia ofrece un camino hacia el arrepentimiento y la transformación. En Ezequiel 18:30-32, Dios llama al arrepentimiento y a un cambio de corazón: "¡Arrepiéntanse! Aparten de ustedes todos sus pecados para que el pecado no los destruya. Límpiense de todas sus malas acciones; consíganse un corazón nuevo y un espíritu nuevo." El verdadero arrepentimiento no se trata solo de pedir perdón. Requiere asumir la responsabilidad, reparar el daño y hacer un cambio real.

No podemos quedarnos de brazos cruzados mientras niños y niñas crecen en hogares llenos de enojo, miedo y violencia. Es nuestra responsabilidad—como madres, padres, vecinos, maestros y líderes comunitarios—proteger a los inocentes, romper el ciclo, alzar la voz.

Debemos reconocer el problema, educarnos y educar a otros y crear espacios seguros donde las víctimas puedan encontrar apoyo y sanación. Lideres religiosos y comunidades de fe deben unirse para ofrecer recursos, consejería y guía espiritual, construyendo un puente entre la fe y el apoyo práctico.

El poder de la esperanza y la sanación

Sí se puede romper el ciclo de la violencia. Niñas como Rosemary y Elizabeth no tienen que repetir lo que vivieron en su infancia. Con fe, apoyo comunitario y un compromiso real con el cambio, podemos crear un mundo donde cada niño y niña crezca sintiéndose seguro, amado y libre de miedo.

Pero todo empieza con nosotros. Empieza con el valor, la compasión y la creencia firme de que cada criatura merece una vida sin violencia.

El versículo "Vengan a mí todos los que están cansados y agobiados, y yo les daré descanso" (Mateo 11:28) habla directamente a quienes cargan con el dolor, el miedo y la culpa. Para las víctimas, es una invitación a encontrar consuelo, sanación y descanso en el amor de Dios. Para quienes buscan redención, es una llamada a enfrentar sus actos, pedir perdón y dejar que Dios transforme su corazón.

Usar la fe como herramienta para sanar no significa ignorar la justicia; significa encontrar un equilibrio entre justicia y compasión, entre responsabilidad y perdón y entre verdad y amor. Significa empoderar a los sobrevivientes para que recuperen su dignidad, y ayudar a los agresores a confrontar sus actos y buscar un cambio verdadero. Al integrar los principios bíblicos con acciones concretas, podemos construir relaciones más sanas, basadas en el respeto, la justicia y la gracia.

Hay esperanza.

Hay sanación.

Y en el nombre de Jesús, hay victoria sobre el miedo y el dolor.

apuntes

Bibliografía

1. Browne, Angela. When Battered Women Kill and Living with the Enemy. New York: Free Press, 1987, pp. 34.

2. Buzawa, E.S., and Buzawa, C.G. Approaches to Domestic Violence: The Criminal Justice Response. Sage Publications, Thousand Oaks, CA, 1996, pp. 76-77.

3. Burby, Liza N. Protect the Well-Being of the Family. Family Violence. Library of Congress Cataloging in Publication, 1996, pp. 27.

4. Bishops, Permanent Council on Violence Against Women. Live Without Fear. Austin, TX: Publication, June 13, 1991, pp. 7.

5. Dugan, M., and Hock, R. It's My Life Now. New York: Routledge, 2000.

6. Gondolf, Edward W. Assessing Women Battering in Mental Health Services. Sage Publications, 1998, pp. 68.

7. Greenberg, Keith. Family Abuse. Fitzhenry & Whiteside Ltd, Markham, Ontario, 1998, pp. 15.

8. Hong, Maria. Asian American: An Anthology. Selected as one of the best books for teenagers. Rosen Publishing Group, New York, NY, 1997.

9. McEvoy, A.W., Brookings, J., and Holmes, B. Help Battered Women: A Volunteer's Handbook for Assisting Victims of Marital Violence. Learning Publications, Holmes Beach, FL, 1982, pp. 135.

10. Rinch, E. Jamice. Family Violence. Lerner Publications Company, Minneapolis, MN, 1992, pp. 15-16.

11. Roleff, Tamara L. Domestic Violence: Family Violence. Library of Congress Cataloging-Public Data, 1959, pp. 15.

12. Wolfe, Jaffe, P.G., and Wilson, S.K., D.A. Children of Battered Women. Sage Publications, Newbury Park, CA, 1990, pp. 22-42.